BEI GRIN MACHT SICH IHR WISSEN BEZAHLT

- Wir veröffentlichen Ihre Hausarbeit,
  Bachelor- und Masterarbeit

- Ihr eigenes eBook und Buch -
  weltweit in allen wichtigen Shops

- Verdienen Sie an jedem Verkauf

Jetzt bei www.GRIN.com hochladen
und kostenlos publizieren

Bibliografische Information der Deutschen Nationalbibliothek:

Die Deutsche Bibliothek verzeichnet diese Publikation in der Deutschen National-
bibliografie; detaillierte bibliografische Daten sind im Internet über http://dnb.d-
nb.de/ abrufbar.

Impressum:

Copyright © 2010 GRIN Verlag, Open Publishing GmbH
Druck und Bindung: Books on Demand GmbH, Norderstedt Germany
ISBN: 9783656870258

Dieses Buch bei GRIN:

http://www.grin.com/de/e-book/146150/helene-boucher-die-franzoesische-wunder-
fliegerin

Ernst Probst

Hélène Boucher. Die französische Wunderfliegerin

GRIN Verlag

GRIN - Your knowledge has value

Der GRIN Verlag publiziert seit 1998 wissenschaftliche Arbeiten von Studenten, Hochschullehrern und anderen Akademikern als eBook und gedrucktes Buch. Die Verlagswebsite www.grin.com ist die ideale Plattform zur Veröffentlichung von Hausarbeiten, Abschlussarbeiten, wissenschaftlichen Aufsätzen, Dissertationen und Fachbüchern.

Besuchen Sie uns im Internet:

http://www.grin.com/

http://www.facebook.com/grincom

http://www.twitter.com/grin_com

Ernst Probst

Hélène Boucher

Die französische
Wunderfliegerin

Hélène Boucher (1908–1934)
gewidmet

Hélène Boucher (1908–1934).
Foto: Reproduktion einer Aufnahme
auf einer Postkarte von 1933

„College Sévigné",
Privatschule für Mädchen in der „Rue Pierre-Nicole" in Paris,
Foto: LPT / Wikimedia Commons / CC-BY-SA3.0,
lizensiert unter Creative Commons-Lizenz by-sa-3.0-en,
http://creativecommons.org/licenses/by-sa/3.0/legalcode

Eine frühe französische Pilotin war Hélène Boucher (1908–1934). Die „Wunderfliegerin" stellte im Laufe ihres kurzen Lebens insgesamt elf Weltrekorde auf. Eine ihrer bekanntesten Leistungen war ihr Geschwindigkeitsrekord im Sommer 1934 über 100 Kilometer, womit sie in jenem Jahr als die „schnellste Frau der Welt" galt. Hélène ist in jungen Jahren bei einem Übungsflug ums Leben gekommen.

Hélène Antoinette Eugénie Boucher kam am 23. Mai 1908 als Tochter des Architekten Léon Boucher und seiner Ehefrau Élisabeth Hélène Dureau in Paris zur Welt. Von früher Kindheit an nannte man sie „Léno", dies war ein Anagramm des Vornamens Léon ihres Vaters.

Während des Ersten Weltkrieges (1914–1918) verließ die Familie Boucher ihren Wohnort Paris und zog nach Yermenonville im Département Eure-et-Loir. Ihre Schulferien verbrachte Hélène auf einem Bauernhof in einem kleinen Weiler unweit von Maintenon, wo die „kleine Dame" zeitweise Tiere hütete. Sie hatte ein großes Talent zum Zeichnen von Tieren und nahm Zeichenunterricht. Als Schulkind sammelte sie Artikel über Flugzeuge und Fotos von Fliegern.

Nach Rückkehr der Familie Boucher in ihre Pariser Wohnung in der „Rue de Rennes 169" besuchte Hélène die Schule „Lycee Montaigne" und das „College Sévigné". Das private „College Sévigné" war die erste weltliche Oberschule für Mädchen in Frankreich. Eine Schulfreundin von ihr war die 1905 geborene Dolly van Dongen, die Tochter des französischen Malers niederländischer Herkunft, Kees van Dongen (1877–1968).

Im Alter von 16 Jahren lernte Hélène Boucher das Autofahren. Es heißt, sie sei kein Wildfang, sondern ein Mädchen mit frischem Gesicht, hübschen Mandelaugen und zierlicher, guter

Figur gewesen. Zeitgenossen beschrieben sie überschwänglich als schlagfertig, entschlossen, ausdauernd, hartnäckig, überzeugend, offen, ehrlich, spontan, mutig, bescheiden, fleißig und frei von Bosheit.

Eines Tages teilte Hélène ihren Eltern mit, ein Bachelor nütze ihr wenig, sie sei ziemlich gut in Englisch und wolle nach London gehen, um sich sprachlich zu verbessern. Ihr Vater reiste daraufhin mit ihr auf die Isle of Wight, quartierte sich dort in einer Pension ein und Hélène führte drei Monate lang das schöne Leben eines Mädchens aus der Mittelschicht.

Nach der Rückkehr aus England begann Hélène in Frankreich eine Lehre als Verkäuferin in einem Bekleidungsgeschäft. Eine Zeitlang arbeitete sie als Hutverkäuferin.

Ein 20 Minuten langer Flug über dem Flugplatz von Orly am 4. Juli 1930 in einer zweisitzigen „Gipsy Moth" zusammen mit dem Piloten Le Folcavez war ein Schlüsselerlebnis für die 22-jährige Hélène Boucher. Sie begeisterte sich für die Fliegerei, kam jedes Wochenende zum Flugplatz Orly und wollte das Fliegen lernen.

An einem Sonntag im Herbst 1930 begegnete Hélène Boucher auf dem Flugplatz Orly dem Piloten Henri Liaudet (1894–1956), dem sein Kollege Le Folcavez bereits von der jungen Frau erzählt hatte, die mit ihm ihren ersten Flug unternommen hatte. Dabei erfuhr Liaudet, dass Hélène gerne selbst fliegen würde, und sie wurden gute Freunde.

Eines Tages wurde Hélène Boucher von Henri Farbos (1894–1964), dem Gründer einer Flugschule in Mont-de-Marsan, der Hauptstadt des Départements Landes, angesprochen. Er teilte ihr mit, er habe ihren Freund Liaudet als Fluglehrer engagiert, und lud sie ein, sie solle eine seiner ersten weiblichen Flugschüler werden.

Ihre erste Flugstunde absolvierte Hélène Boucher am 20. März
1931 bei Henri Liaudet. Nach erfolgreicher Prüfung auf einer
„Gipsy Moth" erhielt sie am 21. Juni 1931 ihren Pilotenschein
Nr. 182. Sie war damals die 31. Pilotin in Frankreich. Über sie
heißt es, sie sei mit Leib und Seele eine Pilotin gewesen. Von
ihr ist der Ausspruch überliefert: „Das ist der einzige Beruf,
in dem Mut sich lohnt und konkrete Ergebnisse auch Erfolg
bedeuten."
Nach hundert Flugstunden und einem erfolgreich absolvierten
Nachtflug erhielt Hélène Boucher im Juni 1932 die kommerzielle Pilotenlizenz. Sie war die vierte Frau, die nach Adrienne
Bolland, Maryse Bastié und Maryse Hilsz diese Lizenz bekam.
In London kaufte Hélène Boucher am 18. Juli 1932 ein eng-
lisches Flugzeug des Typs „Avro Avian". Vier Tage später
beteiligte sie sich am 22. Juli 1932 als einzige Frau an der
Luftrallye Caen-Deauville. Nach zwei Dritteln der Strecke hatte
ihre Maschine technische Probleme und sie musste nahe des
Dorfes Prémery auf einer Wiese mit schmalen Gräben, Hecken
und Bäumen notlanden. Ein lokaler Mechaniker half ihr, die
Kraftstoffleitung zu reparieren. Doch nach dem Start verlor
die Maschine erneut an Geschwindigkeit und blieb in den Ästen
von zwei Bäumen hängen. Dabei wurde Hélène zwar nicht
verletzt, sie hatte aber große Angst gehabt. Dies hielt sie jedoch
nicht vom weiteren Fliegen ab.
Am 13. Februar 1933 startete Hélène Boucher in Paris zu einem
Langstreckenflug nach Saigon (Vietnam). Technische Probleme ihrer Maschine zwangen sie aber bereits in Bagdad (Irak)
zur Rückkehr nach Frankreich. Anschließend berichtete sie
über dieses Abenteuer in der Zeitung „Pictorial".
Mit ihrer Maschine „Maubossin Helena" in Blau und Silber
brillierte Hélène Boucher am 2. Juli 1933 beim Flugwettbewerb

Adrienne Bolland (1895–1975),
Foto eines unbekannten Fotografen
auf einer Postkarte um 1921
(via Wikimedia Commons), Lizenz: gemeinfrei (Public domain)

Maryse Bastié (1898–1952),
Foto: Bibliothèque nationale de France
Urheber: Agence de presse Mondial
(via Wikimedia Commons), Lizenz: gemeinfrei (Public domain)

Hélène Boucher auf dem Flugplatz Le Bourget im Jahre 1933,
Foto: Bibliothèque nationale de France,
Urheber: Agence de presse Mondial
(via Wikimedia Commons), Lizenz: gemeinfrei (Public domain)

„Zwölf Stunden von Angers". Dabei flog sie von sechs Uhr morgens bis sechs Uhr abends – alle vier Stunden unterbrochen von dreiminütigem Tanken – in etwa 50 Metern Höhe insgesamt 1.645,864 Kilometer weit.

Einen Monat später stieg Hélène Boucher am 21. August 1933 mit ihrer „Maubossin Helena" bis in 5.900 Meter Höhe auf. Damit brach sie den bisherigen Höhenrekord für Kleinflugzeuge der amerikanischen Fliegerin Mary Haizlip (1910–1997).

Von dem bedeutenden französischen Kunstflieger Michel Détroyat (1905–1956), dem „Ass der Asse", lernte Hélène Boucher im September 1933 innerhalb von vier Wochen auch den Kunstflug. Es heißt über sie, sie sei außergewöhnlich graziös geflogen und sie habe selbst die schwierigsten Kunstflugfiguren beherrscht. Ihr Fluglehrer prophezeite, Hélène würde bereits in einigen Monaten eine der besten Kunstfliegerinnen sein.

Bei der Flugschau in Villacoublay am 8. Oktober 1933 konnten Tausende von Zuschauern die Flugkünste von Hélène Boucher und der deutschen Kunstfliegerin Vera von Bissing (1906–2002) bewundern. Zwischen beiden gab es einen großen Unterschied: Hélène zeigte ihre Kunststücke in sehr niedriger Höhe, Vera in sehr großer Höhe. Ein Augenzeuge schrieb: „Hélène Boucher mit ihrem blauen und schwarzen Flugzeug war sehr niedrig geflogen, hatte in Sichtweite aller drei enge Kreisel nach links, dann nach rechts, zwei Loopings, einen Immelmann, zwei schnelle Rollen, einen anderen langsameren Überschlag, schließlich einen langen Flug auf dem Rücken ausgeführt". Fortan galt Hélène Boucher als große Pilotin. Man lud sie oft ein, sie flog bei vielen Veranstaltungen und wurde überall gefeiert.

Vera von Bissing (1906–2002)
Foto: Reproduktion eines Fotos
eines unbekannten Fotografen

Bei der „Internationalen Damen-Kunstflugmeisterschaft"
(„Coupe Féminines"), die damals der Weltmeisterschaft ent-
sprach, platzierte sich Hélène Boucher am 28. April 1934 als
Zweite hinter der deutschen Fliegerin Liesel Bach (1905–
1992). Die Deutsche Vera von Bissing hatte wegen Krankheit
und die Französin Adrienne Bolland (1896–1975) wegen
technischer Probleme an ihrem Flugzeug nicht teilnehmen
können.

Im Juni 1934 unterschrieb Hélène Boucher einen Vertrag mit
der neuen Firma „Caudron-Renault", die Rennflugzeuge baute.
Francois Lehideux (1904–1998), der Schwiegersohn des
Renault-Mitbegründers Fernand Renault (1865–1909) sowie
Chef der Firma, hatte sich persönlich darum bemüht, den
guten Namen von Hélène nutzen zu können. In der Folgezeit
flog Hélène mit Rennflugzeugen wie der „Caudron Rafale
C460", die mit einem 150 PS starken Motor ausgerüstet war
und „Hai der Lüfte" genannt wurde. Außerdem präsentierte
sie den neuen Luxus-Sportwagen „Renault Viva Grandsport"
mit sechs Zylindern.

Auch bei den zweiten „Zwölf Stunden von Angers" war
Hélène Boucher mit von der Partie. Mit einer „Caudron Rafale
C460" brach sie am 8. Juli 1934 unwissentlich mit einer Durchschnittsgeschwindigkeit von 254,527 Kilometern den Weltrekord über 1.000 Kilometer für Kleinflugzeuge.

Am 8. August 1934 stellte Hélène Boucher in einer „Caudron-
Renault 140 CV" mit 210 PS mit einer Geschwindigkeit von
412 Stundenkilometern einen neuen Weltrekord über 100
Kilometer auf. Die legendäre amerikanische Fliegerin Amelia
Earhart (1897–1937) hatte auf dieser Flugstrecke lediglich 282
Stundenkilometer geschafft. Der männliche französische Pilot
Maurice Arnoux (1895–1940) brachte es auf nur 393

*Helene Boucher 1934,
Foto: Archiv
Patrick Desbrosses,
Urheber: Lucien Chauffard,
Fotograf bei Renault /
CC0 1.0 (via Wikimedia
Commons), lizensiert
unter Creative Commons
by-1.0-de,
http://creativecommons.org/
publicdomain/zero/1.0/
legalcode*

Foto auf Seite 17:

*Helene Boucher wirbt 1934 in einer Anzeige
für den Luxus-Sportwagen „Renault Vivasport",
Foto: Lucien Chauffard, Fotograf bei „Renault"*

POUR CONNAITRE TOUTES
LES JOIES DE LA VITESSE
SUR LA ROUTE

HELENE BOUCHER

LA CÉLÉBRE AVIATRICE, LA
PLUS RAPIDE DU MONDE, NE
POUVAIT CHOISIR QUE LA
SPORTIVE ET FOUGUEUSE
6 CYLINDRES

**VIVASPORT
RENAULT**
L'AUTOMOBILE DE FRANCE

LA VIVASPORT - 130 A L'HEURE - 16 LITRES AUX 100 - A PARTIR DE 27.700 FR

Industrieller Henri Deutsch de la Meurthe (1846–1919),
Foto Bibliothèque nationale de France
Urheber: Agence de presse Meurisse
(via Wikimedia Commons), Lizenz: gemeinfrei (Public domain)

Stundenkilometer. Hélène stieg damals aus ihrer Maschine und sagte stolz: „Wir können es besser!"

Bei diesem Wettbewerb im August 1934 handelte es sich um den „Coupe Deutsch de la Meurthe", den Suzanne Deutsch de la Meurthe (1892–1937) zur Erinnerung an ihren für Luftfahrt begeisterten Vater Henri Deutsch de la Meurthe (1846–1919) ausgerichtet hatte. Ihr Vater galt als „Öl-König von Europa" und war Gründer des „Aero-Club de France". Auf der Flugstrecke über 500 Kilometer erreichte Hélène 412 Stundenkilometer und über 1.000 Kilometer 409 Stundenkilometer.

Am 11. August 1934 schaffte Hélène Boucher in einer „Caudron-Renault C450" mit einer Geschwindigkeit bis zu 445 Stundenkilometern auf einer Kurzstrecke über drei Kilometer einen neuen Weltrekord. Der alte Rekord der Amerikanerin Mary Haizlip hatte bei 405 Stundenkilometern gelegen. Vor diesem Rekordflug war die ganze Nacht lang auf dem Boden gearbeitet worden, um auf der Strecke eine gestrichelte Linie aus weißen Streifen anzubringen, die den Fliegern halfen, perfekt gerade zu fliegen.

Im Juli und August 1934 stellte Hélène Boucher insgesamt elf Weltrekorde auf. Allein vom 8. bis zum 11. August 1934 brach sie innerhalb von vier Tagen vier Geschwindigkeits-Weltrekorde für Frauen. Zeitungen bezeichneten sie deswegen als „die schnellste Frau der Welt".

Immer wieder suchte Hélène Boucher neue Herausforderungen. Als man sie nach einem großen Erfolg fragte, ob sie heiraten, eine Familie gründen, Kinder zur Welt bringen und das Fliegen aufgeben wolle, konnte sie sich dies nicht vorstellen. Ihrer besten Freundin vertraute sie an, sie wisse, sie werde vergehen wie die anderen, sie sei nicht außergewöhnlich.

Hélène Boucher 1934 vor ihrem Flugzeug „Caudron Rafale",
Foto eines unbekannten Fotografen / CC-BY-SA3.0
(via Wikimedia Commons),
lizensiert unter Creative Commons-Lizenz by-sa-3.0,
http://creativecommons.org/licenses/by-sa/3.0/legalcode

Wie die Fliegerinnen Adrienne Bolland (1895–1975) und
Maryse Bastie (1898–1952) unterstützte auch Hélène Boucher
die 1934 von der französischen Politikerin, Feministin,
Schriftstellerin und Journalistin Louise Weiss (1893–1983) und
Cécile Brunsvig gegründete Vereinigung „La femme nouvelle"
(„Die neue Frau"). Diese strebte das Frauenwahlrecht und
die Stärkung der Rolle der Frauen im öffentlichen Leben an.
Das glanzvolle Leben von Hélène Boucher fand am 30. November 1934 im Alter von nur 26 Jahren jäh ein Ende. Sie
stürzte bei einem Übungsflug mit einer „Caudron Rafale C430"
über dem Wald von Guyancourt bei Versailles ab. Es ist unklar,
ob das Unglück durch unzureichende Höhe oder technisches
Versagen verursacht wurde. Die Piloten Delmotte, Fouquet
und Goury kamen als Erste an der Absturzstelle an. Raymond
Delmotte (1894–1962) hatte Hélène zur Hochgeschwin-
digkeits-Pilotin ausgebildet.

Man transportierte die schwerverwundete Hélène Boucher zum
Krankenhaus von Versailles. Unterwegs starb sie im Kranken-
wagen an der Steigung von Satory nach Guyancourt.

Als erste Frau in Frankreich hat man Hélène Boucher zwei
Tage lang im Pariser Invalidendom aufgebahrt. Begraben
wurde sie auf dem Friedhof von Yermenonville im Kanton
Maintenon (Département Eure-et-Loir). Während der Beer-
digung von Hélène warf ein Flugzeug weiße Nelken ab. Ein
Jahr nach ihrem Tod ließ ihr Vater eine Bronzebüste mit dem
Bild seiner Tochter, eingerahmt von riesigen Flügeln, errich-
ten.

Der Tod von Hélène Boucher war für Frankreich ein nationaler
Trauerfall. In ihrem Heimatland galt sie als ein Muster an
Jugendlichkeit, Kompetenz und Kühnheit. Der Schriftsteller
und Pilot Antoine de Saint-Exupéry (1900–1944) schrieb im

Gedenktafel an dem Haus in der „Rue de Rennes 169" von Paris,
in dem die Familie Boucher gewohnt hat.
Foto: Wikimedia Commons / Mu / CC-BY-SA3.0
(via Wikimedia Commons),

Nachruf über Hélène: „Sie war einfach, sie war loyal ... Sie war auch auch eine Pilotin. Sie übte diesen Beruf wie ein Mann aus, mit der Achtung vor wohlgeratener Arbeit und der Demut der wahren Erbauer."

Die Presse machte den Fluglehrer Michel Détroyat und andere für den Tod von Hélène Boucher verantwortlich, die „ein junges, unschuldiges Mädchen" zu einem solch „gefährlichen Sport" angespornt hätten. Dass Hélène selbst den Wunsch hatte, Pilotin zu werden, ließ man offenbar nicht gelten. Wenige Tage nach ihrem Tod wurde sie zum „Ritter der Ehrenlegion" („Chevalier de la Légion d'Honneur") ernannt.

Posthum erhielt Hélène Boucher 1934 die „Internationale Harmon Trophy" als „beste Fliegerin der Welt". Die „Harmon Trophy" wird seit 1926 alljährlich international in drei Kategorien vergeben: 1. an einen herausragenden Flieger, 2. an eine herausragende Fliegerin und 3. an Aeronauten (Ballonfahrer oder Luftschiffer). Die vierte Kategorie ist die „National Trophy" in jedem der Mitgliedsstaaten. Der Name der „Harmon Trophy" erinnert an den amerikanischen Ballonfahrer und Piloten Clifford B. Harmon (1866–1945), den wohlhabenden Sponsor dieser Auszeichnung.

In Frankreich hat man Schulen (Orleans, Mantes-la-Jolie, Colomiers, Etampes, Montgeron, Montpellier), Colleges (Chartres, Voisins-le-Bretonneux), Hochschulen (Paris, Somain, Thionville, Toulouse), Berufsschulen (Le Mans, Tremblay-en-France, Venissieux), Sportzentren, Plätze, Straßen (Amiens, Buc, Castelnau-le-Lez, Feurs, Guyancourt, Haute-Goulaine, Marseille, Massy, Mauguio, Orvault, Plérin, Rillieux-la-Pape, Tours, Montbéliard), Alleen (Draguignan, Istres, Le Touquet-Paris-Plage, Montesson) und Parks (Marignane) nach Hélène Boucher benannt. Im Park des Schlosses Boulain, in dem von

„Allee Hélène Boucher"
in der Gemeinde Le Touquet-Paris-Plage
im Département Pas-de-Calais,
Foto: moi-même / CC-BY-SA3.0
(via Wikimedia Commons),
lizensiert unter Creative Commons-Lizenz by-sa-3.0-de,
http://creativecommons.org/licenses/by-sa/3.0/legalcode

Suzanne Deutsch de la Meurthe das „House of Wings" zur
Erholung von Fliegern eingerichtet wurde, erinnert ein
Denkmal an sie. 1935 erschien das Buch „Hélène Boucher,
jeune filled de France" von Antoine Redier mit einem Vorwort
des damaligen Luftfahrtministers General Victor Denain
(1880–1952). 1936 wurde ein Luftwettbewerb namens „Cup
Hélène Boucher" mit 500.000 Francs Preisgeld durchgeführt.
1953 entstand der Spielfilm „Hélène Boucher. Ein Flieger-
leben" („Horizons sans fin"), in dem sie von Gisèle Pascal
(1921–2007) verkörpert wurde. Der „Filmdienst" beschrieb
die Handlung so: „Biografischer Spielfilm über das Leben der
französischen Weltrekord-Fliegerin Hélène Boucher, die als
Hutverkäuferin begann und sich gegen eine skeptische
männliche Konkurrenz durchsetzen mußte. Eine Hommage
an eine ebenso couragierte wie patriotisch gesinnte Frau, die
sich durch treffsichere Dialoge, gute Milieuzeichnung und eine
überzeugende Hauptdarstellerin auszeichnet. - Ab 14."
1972 erschien eine französische Briefmarke mit Bildern der
Luftpionierinnen Hélène Boucher und Maryse Hilsz (1903–
1946). Diese Marke im Wert von zehn Francs war vor allem
für Sendungen ins Ausland bestimmt. Die Münzanstalt Paris
hat 1977 eine von der Bildhauerin Suzanne Régis gestaltete
Medaille zu Ehren von Hélène Boucher geprägt. Dagegen
wurde ein Vorschlag zur Herausgabe einer Banknote mit dem
Bild von Hélène Boucher nicht verwirklicht. 2003 ehrte man
sie als eine der 100 wichtigsten Frauen in der Luftfahrt. In
Voisins-le-Bretonneux wurde am 30. November 2014 eine von
Camille Toutée Bonhomme geschaffene Skulptur von Hélène
Boucher eingeweiht.

Titel des Buches „Hélène Boucher aviatrice" (1936)
von Jacques Mortane
(via Wikimedia Commons), Lizenz: gemeinfrei (Public domain)

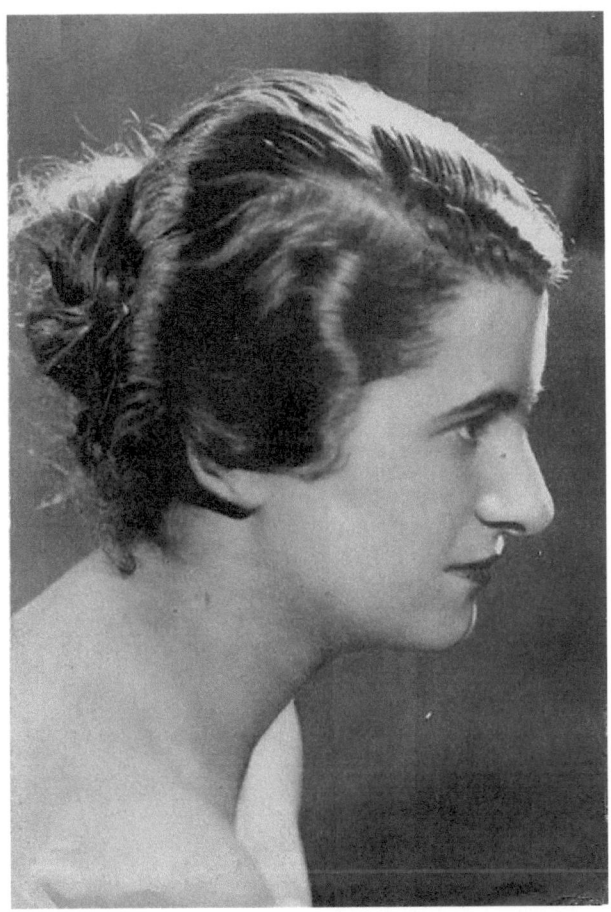

Foto von Hélène Boucher aus dem nach ihrem Tod erschienenen Buch
„Hélène Boucher aviatrice" (1936) von Jacques Mortane
(via Wikimedia Commons), Lizenz: gemeinfrei (Public domain)

Literatur

CHAMBE, René: Hélène Boucher, pilote de France, Paris, 1937

D'Escola: Hélène Boucher – Celle qui a vaincu la peur, Paris 1946

LUX, Antonius (Herausgeber): Große Frauen der Weltgeschichte, 1000 Biographien in Wort und Bild, München 1963

MARCK, Bernard: Hélène Boucher, la fiancée de l'air, Paris 2003

MORTANE, Jacques: Helène Boucher aviatrice, Paris, 1936

PROBST, Ernst: Königinnen der Lüfte von A bis Z, München 2010

REDIER, Antoine (mit einem Vorwort von Victor Denain, ministre de l'Air): Hélène Boucher, jeune fille française, Paris 1935

SCHMITT, Günter: Hélène Boucher: In: Die Ladys in den fliegenden Kisten, S. 140–141, Berlin 1193

TESSIER, Roland (mit Illustrationen von Paul Lengellé): Hélène Boucher, Paris 1943

WIKIPEDIA (Online-Lexikon) Hélène Boucher (deutsch) http://de.wikipedia.org/wiki/ H%C3%A9l%C3%A8ne_Boucher

WIKIPEDIA (Online-Lxikon) Hélène Boucher (französisch) http://fr.wikipedia.org/wiki/ H%C3%A9l%C3%A8ne_Boucher

Sophie Blanchard (1778–1819)
Bild: Reproduktion eines Kupferstiches von Jules Porreau
aus dem Jahre 1859, der nach ihrem Tod entstand

Frauen in der Luftfahrt

4. Juni 1784: Die französische Opernsängerin Elisabeth Thible, nach anderer Schreibweise auch Tible, fliegt in Lyon als erste Frau in einem Heißluftballon (Montgolfière) mit.

10. November 1798: Die Französin Jeanne Labrosse (1775–1845), die Ehefrau des Luftakrobaten André-Jacques Garnerin (1769–1823), unternimmt als erste Frau selbstständig einen Flug in einem Ballon.

12. Oktober 1799: Jeanne Labrosse wagt als erste Frau der Welt aus einer Höhe von rund 900 Metern einen Fallschirmsprung.

7. Juli 1819: Die erste professionelle Luftschifferin Frankreichs, Madeleine Sophie Blanchard (1778–1819), kommt in Paris bei einer Ballonfahrt als erste Frau beim Fliegen ums Leben.

Um 1850: Die französische Fallschirmspringerin Rosalie Poitevin (1819–1908) stellt in Parma (Italien) mit einem Sprung aus rund 2.000 Metern einen Frauenrekord auf, der erst 1931 von der Deutschen Lola Schröter (1906–1953) überboten wird.

4. Juli 1880: Mary Hawley Myers (1849–1932) unternimmt in Little Falls (New York) als erste Amerikanerin einen Alleinflug mit einem Ballon.

19. Juli 1893: Käthe Paulus (1868–1935) unternimmt in Nürnberg (Bayern) zusammen mit ihrem Verlobten Hermann Lattemann (1852–1894) ihren ersten Ballonflug. Sie gilt als erste Luftschifferin in Deutschland.

1893: Die Luftschifferin Käthe Paulus wird in Elberfeld bei Wuppertal die erste deutsche Fallschirmspringerin.

9. Juli 1903: Die Amerikanerin Aida de Acosta (1884–1962) unternimmt in Paris als erste Frau einen Alleinflug in einem lenkbaren Luftschiff.

1906: Die Amerikanerin E. Lillian Todd (1865–1937) entwirft und baut als erste Frau ein Flugzeug, das allerdings nie fliegt.

8. Juli 1908: Die französische Bildhauerin Thérèsè Peltier (1873–1926) unternimmt in Turin (Italien) an Bord eines Doppeldeckers zusammen mit dem französischen Piloten Léon Delagrange (1873–1910) den ersten Flug mit einem weiblichen Passagier.

7. Oktober 1908: Edith Berg fliegt als erste Amerikanerin in Le Mans (Frankreich) in einem Flugzeug mit. Sie ist eine Passagierin des amerikanischen Luftpioniers Wilbur Wright (1867–1912) und die Ehefrau von Hart O. Berg, des europäischen Agenten von Wright.

26. Oktober 1909: Die Französin Marie Marvingt (1875–1963) fliegt als erste Frau mit einem Ballon von Frankreich nach England.

8. März 1910: Die französische Schauspielerin Raymonde de Laroche (1844–1919) wird die erste Pilotin der Welt.

9. April 1910: Hélène Dutrieu (1877–1961) wird die erste Pilotin in Belgien.

19. April 1910: Hélène Dutrieu fliegt als erste Frau der Welt einen Passagier.

Sommer 1910: Hilda Hewlett (1864–1943) wird Mitbegründerin der ersten Flugschule in England.

2. September 1910 (oder 6. September oder Mitte Oktober): Blanche Stuart Scott (1889–1970) wird angeblich die erste amerikanische Pilotin. Ihr Flug wird von der „Aeronautical Society of America" nicht anerkannt, weil er zufällig erfolgt.

16. September 1910: Bessica Medlar Raiche (1875–1932) wird angeblich die erste amerikanische Pilotin.

8. November 1910: Marie Marvingt wird die dritte Frau mit Pilotenlizenz in Frankreich.

1. August 1911: Harriet Quimby (1875–1912) wird die erste Amerikanerin mit Pilotenlizenz.

10. August 1911 (4. September 1911) : Lidija Swerewa (1890–1916) wird die erste Pilotin in Russland.

17. August 1911: Matilde Moissant (1878–1964) wird die zweite Amerikanerin mit Pilotenlizenz.

29. August 1911: Hilda Hewlett wird erste Britin mit Pilotenlizenz.

4. September 1911: Harriet Quimby unternimmt als erste Frau einen Nachtflug.

13. September 1911: Melli Beese-Boutard (1886–1925) legt als erste Deutsche die Pilotenprüfung ab.

10. Oktober 1911: Beatrix de Rijk (1883–1958) wird eine der ersten Pilotinnen in Holland.

Dezember 1911: Die Amerikanerinnen Harriet Quimby und Matilde Moisant (1878–1964) unternehmen als erste Pilotinnen einen Flug über Mexiko.

16. April 1912: Harriet Quimby überfliegt als erster weiblicher Pilot den Ärmelkanal (Englischer Kanal).

Juli 1912: Lilly Steinschneider (1891–1975) wird die erste Pilotin in Österreich-Ungarn.

2. September 1912: Die Französin Jeanne Pallier (1871–1939) fliegt bei ihrer Pilotenprüfung als erste Frau über Paris.

1912: Die Pilotin Ruth Law (1887–1970) fliegt als zweite Amerikanerin bei Nacht.

21. November 1912: Die russische Pilotin Ljuba Galanschikoff (1884–1968) stellt einen Höhenweltrekord für Frauen auf. Sie

erreicht mit einem geliehenen Fokker-Eindecker eine Höhe von 2.000 Metern.

5. Januar 1913: Rosina Ferrario (1888–1959) erhält als erste Pilotin in Italien vor dem Ersten Weltkrieg eine Fluglizenz.

31. Juli 1913: Die amerikanische Pilotin Alys McKey („Tiny") Bryant (1880–1954) unternimmt in Vancouver den ersten Flug einer Frau in Kanada. Ihre Flüge in Kanada waren Teil des Unterhaltungsprogramms für den Prinzen von Wales und den Herzog von York, die Vancouver und Victoria besuchen.

20. August 1913: Ljuba Galanschikoff unternimmt zusammen mit dem Piloten Léon Letort (1888–1913) den ersten Flug innerhalb eines Tages von Berlin nach Paris.

September 1913: Katherine Stinson (1891–1977) betätigt sich in Montana als erste Luftpostpilotin der USA.

1913: Hélène Dutrieu wird erstes weibliches Mitglied der „Pariser Luftwache" und schützt die französische Hauptstadt im Ersten Weltkrieg (1914–1918) vor Angriffen deutscher Flugzeuge und Militärluftschiffe.

19. Mai 1914: Die russische Pilotin Lydija Swerewa (1890–1916) fliegt in Riga (Litauen) als erste Frau einen Looping (Kunstflugfigur in senkrechter Kreisbahn).

6. Juni 1914: Else Haugk (1889–1973) wird die erste Pilotin der Schweiz.

1914: Prinzessin Eugenie Michailowna Shakhovskaya (1889–1920) wird die erste russische Militärpilotin. Sie unternimmt als Fähnrich im Dienste des Zaren etliche Aufklärungsflüge.

1915: Die Schwestern Marjorie Stinson (1896–1975 und Katherine Stinson (1891–1977) betreiben mit ihrer Mutter Emma Beaver Stinson in Texas die erste von Frauen geleitete Flugschule.

17. Januar 1915: Ruth Law (1887–1970 wagt in Daytona Beach (Florida) als erste amerikanische Pilotin einen Looping. Ihrer Landsmännin Katherine Stinson glückt dieses Kunststück am 18. Juli 1915 über dem Flugplatz „Cicero Field" in Chicago.

1915: Nahdeshda Degtera, deren Geburts- und Todesdatum unbekannt sind, ist die erste russische Pilotin, die bei einem Kampfeinsatz im Ersten Weltkrieg verwundet wird.

1916: Die Deutsche Käthe Paulus erfindet den zusammenlegbaren Fallschirm.

12. Juli 1919: Raymonde de Laroche stellt einen Höhenrekord für Frauen auf (4.800 Meter).

1919: Ruth Law befördert als erster Flieger Luftpost zu den Philippinen.

30. Mai 1920: Elsa Andersson (1897–1922) wird die erste schwedische Pilotin.

15. August 1920: Die amerikanische Pilotin Laura Bromwell (1899–1920) fliegt 87 Loopings und schafft damit einen Weltrekord.

1. April 1921: Die französische Pilotin Adrienne Bolland (1896–1975) fliegt als erste Frau über die Anden.

Mai 1921: Laura Bromwell fliegt 199 Loopings und stellt damit einen neuen Weltrekord auf.

15. Juni 1921: Die schwarze Amerikanerin Bessie Coleman (1893–1926) erhält in Frankreich ihre Fluglizenz und wird die erste afro-amerikanische Pilotin.

2. Oktober 1921: Elsa Andersson ist nach einem Absprung in Kristianstad die erste schwedische Fallschirmspringerin.

8. April 1922: Teresa de Marzo (1903–1986) wird die erste Pilotin in Brasilien.

1922: Tadashi Hyodo (1899–1980) wird die erste Pilotin in Japan.

3. September 1922: Bessie Coleman unternimmt den ersten öffentlichen Flug einer afro-amerikanischen Pilotin in den USA. Dabei springt der farbige Stuntman Hubert Fauntleroy Julian mit einem Fallschirm ab.

Oktober 1922: Lillian Gatlin aus Santa Ana (Kalifornien) wird die erste Passagierin bei einem Flug über Amerika. Sie reist von San Francisco (Kalifornien) nach Mineola (New York).

Der 2.680 Meilen-Nonstop-Flug dauert 27 Stunden 11 Minuten.

1925: Thea Rasche (1899–1971) wird erste Deutsche mit Kunstflugschein.

1925: Kwon Ki-ok (1901–1988) wird die erste Pilotin aus Korea.

1925: Lady Mary Heath (1896–1939) erhält als erste Frau in Großbritannien eine kommerzielle Fluglizenz.

28. März 1927: Millicent Maude Bryant (1878–1927) wird die erste Pilotin in Australien.

Mai 1927: Lady Mary Heath stellt mit 17.000 Fuß (umgerechnet 5.100 Meter) einen Höhen-Weltrekord für Leichtflugzeuge auf.

Ende August 1927: Prinzessin Anne Löwenstein-Wertheim (1864–1927) scheitert beim Versuch einer Atlantiküberquerung von England nach Amerika und kommt dabei ums Leben.

September 1927: Elinor Smith wird im Alter von 16 Jahren die damals jüngste Pilotin der USA.

Oktober 1927: Die Amerikanerin Ruth Elder (1902–1977) scheitert beim Versuch einer Atlantiküberquerung von England nach Amerika.

1927: Phoebe Fairgrave Omlie (1902–1975) wird die erste von der „Civil Aeronautics Administration" („CAA") zugelassene Flugzeugmechanikerin der USA.

1927: Lady Mary Heath unternimmt als erste Frau einen Alleinflug von Südafrika nach England.

1927: Die irische Pilotin Mary Bayley (1890–1960) fliegt als erste Frau über die Irische See.

Januar 1928: Ruth Rowland Nichols (1901–1960) unternimmt zusammen mit dem Piloten Harry Rogers den ersten Nonstop-Flug von New York nach Miami (Florida).

17. und 18. Juni 1928: Die amerikanische Fliegerin Amelia Earhart (1897–1937) fliegt zusammen mit dem Piloten Wilmer Stultz (1899–1929) und dem Mechaniker Louis Gordon von New York nach Paris. Sie ist die erste Frau, die an Bord eines Flugzeuges den Atlantik überquert.

27. Juli 1928. Lady Mary Heath fliegt als erste Frau der Welt ein Passagierflugzeug. Der Start erfolgt in Amsterdam (Niederlande), die Landung in Croydon (Großbritannien).

1928: Maryse Bastié (1898–1952) erwirbt als erste Französin den Führerschein für Passagierflugzeuge.

1928: Die deutsche Pilotin Marga von Etzdorf (1907–1933) wird erste Kopilotin der „Deutschen Luft Hansa" (damalige Schreibweise).

1928: Die irische Pilotin Mary Heath fliegt als erste Frau allein vom „Kap der Guten Hoffnung" (Südafrika) nach Kairo (Ägypten).

1928: Die amerikanische Pilotin Phoebe Fairgrave Omlie fliegt als erste Frau mit einem Leichtflugzeug über die Rocky Mountains.

Oktober 1928: Die deutsche Pilotin Erika Naumann stellt zusammen mit dem schweizerischen Fliegerhauptmann Wirth bei einem Flug von Böblingen (Süddeutschland) nach Wilna (Litauen) einen Weltrekord auf. Die Flugstrecke beträgt 1.305 Kilometer.

17. Dezember 1928: Die amerikanische Pilotin Marjorie Stinson wird bei der Gründungsversammlung der „Early Birds" in Chicago das erste weibliche Mitglied. Bedingung für die Aufnahme bei den „Early Birds" ist für Amerikaner, dass sie bereits vor dem Eintritt der USA in den Ersten Weltkrieg am 17. Dezember 1916 erstmals allein geflogen sind. Für Piloten aus Europa gilt der 4. August 1914 als Stichtag für die Aufnahme bei den „Early Birds".

1928/1929: Mary Bailey (1890–1960) fliegt als erste Frau allein von England nach Südafrika und wieder zurück. Hinflug vom 9. März bis 30. April 1928, Rückflug vom September 1928 bis 16. Januar 1929.

2. Januar 1929: Evelyn („Bobby") Trout unternimmt in Los Angeles (Kalifornien) als erste Frau einen Ganze-Nacht-Flug, der 12 Stunden 11 Minuten dauert.

1929: Florence „Pancho" Barnes" (1901–1975) wird die erste amerikanische Stuntpilotin. Sie wirkt in dem Film „Hells Angels" mit, der 1929 in die Kinos kommt.

1929: Phoebe Fairgrave Omlie wird die erste amerikanische Transportpilotin.

1929: Ilse Esser (1898–1994) promoviert als erste Deutsche in Luftfahrttechnik.

August 1929: Die britische Reporterin Grace Marguerite Hay Drummond-Hay (1895–1946) fliegt als erste Frau mit einem Luftschiff um die Welt. Der Flug erfolgt im deutschen Luftschiff „LZ-127 Zeppelin".

18. bis 26. August 1929: Die amerikanische Pilotin Louise Thaden (1905–1979) gewinnt das erste „Cleveland Women's Air Derby", den ersten Überlandflug-Wettbewerb für Pilotinnen, der scherzhaft als „Powder-Puff-Derby" bezeichnet wird. Der Start erfolgt in Santa Monica (Kalifornien), Ziel ist Cleveland (Ohio), gesamte Flugstrecke mehr als 2.700 Meilen (rund 4.500 Kilometer). Zweite wird Gladys O'Donnel, Dritte Amelia Earhart. Beim legendären „Powder-Puff-Derby" gehen insgesamt 20 Pilotinnen an den Start, von denen 18 aus den USA stammen: Florence („Pancho") Barnes, Marvel Crosson, Amelia Earhart, Ruth Elder, Claire Fahy, Edith Foltz, Mary Haizlip, Jessie Keith-Miller (Australien), Opal Kunz, Ruth Nichols, Blanche Noyes, Gladys O'Donnell, Phoebe Omlie, Neva Paris, Margaret Perry, Thea Rasche (Deutschland), Louise Thaden, Bobbi Trout, Mary von Mach und Vera Dawn Walker. Davon erreichen 13 Frauen das Ziel. Den scherzhaften

Begriff „Powder-Puff-Derby" („Puderquastenrennen") hat der Komiker Will Rogers (1879–1935) geprägt. Er beruht auf dem Kosmetik-Utensil, mit dem sich die Pilotinnen nach den Landungen puderten.

2. November 1929: Amelia Earhart gründet zusammen mit vier anderen bekannten Pilotinnen auf dem Flugplatz „Curtiss Field" in Valley Stream, Long Island (New York), den „Club der Neunundneunzig" („Ninety Nines"), der die Stellung der Frauen in der Luftfahrt stärken soll. Einen solchen Club hatte Clara Trenckman Studer, eine flugbegeisterte Assistentin und Helferin ohne Pilotenschein, angeregt. Die Einladung zur Gründungsversammlung war am 9. Oktober 1929 an 117 Pilotinnen in den USA verschickt und von Fay Gillis, Margorie Brown, Frances Harrel und Neva Paris unterzeichnet worden. Zur Gründungsversammlung kommen 26 Pilotinnen nach Valley Stream, nur vier davon mit dem Flugzeug, die anderen wegen schlechten Wetters mit dem Zug. Ein zweites Treffen erfolgt am 14. Dezember 1929 in New York City. Dabei macht Jean Davis Hoyt (gestorben 1988) den Vorschlag, den Club nach der Zahl der Frauen in den USA zu benennen, die einen Pilotenschein besitzen und Interesse an der Gründung des Clubs zeigen. Neva Paris soll die Wahl einer Präsidentin koordinieren, doch sie kommt Anfang 1930 bei einem Flugzeugabsturz ums Leben. Louise Thaden fungiert als „provisorische Präsidentin" des Clubs. Bald gehörten 99 Fliegerinnen zum Club und dessen Name steht fest. 1931 wird Amelia Earhart zur Präsidentin gewählt und bleibt dies bis 1933. „Ninety Nines" behauptet sich bis heute und zählt derzeit weltweit mehr als 20.000 Mitglieder.

November 1929: Die amerikanischen Pilotinnen Evelyn („Bobby") Trout (1906–2003) und Elinor Smith (geboren 1911) unternehmen den ersten Frauenflug mit Luftbetankung.

Dezember 1929: Amy Johnson (1903–1941) wird die erste Flugzeugmechanikerin in Großbritannien.

5. bis 24. Mai 1930: Die britische Pilotin Amy Johnson-Mollisson (1903–1941) fliegt als erste Frau allein von England nach Australien.

1930: Die britische Fliegerin Beryl Markham (1902–1986) wird die erste Berufspilotin Afrikas.

1930: Anne Morrow Lindbergh (1906–2001) wird die erste Segelfliegerin der USA.

6. März 1931: Ruth Rowland Nichols stellt mit 8.760,9 Metern einen Höhen-Weltrekord für Frauen auf.

13. April 1931: Ruth Rowland Nichols stellt mit 339,1 Stundenkilometern einen Geschwindigkeits-Weltrekord für Frauen auf.

1931: Leyla Mammadbeyova (1909–1989) wird die erste Pilotin in Aserbaidschan.

Juni 1931: Ruth Rowland Nichols scheitert beim Atlantiküberflug.

18. bis 29. August 1931: Die deutsche Pilotin Marga von Etzdorf (1907–1933) fliegt allein von Berlin nach Tokio.

1931: Pauline Mary Gower (1910–1947) betreibt den ersten Lufttaxidienst in Großbritannien.

1931: Die deutsche Pilotin Vera von Bissing (1906–2002) beherrscht als einzige Frau den Looping nach vorn.

1931: Die deutsche Fallschirmspringerin Lola Schröter (1906–1953) stellt mit einem Sprung aus 6.000 Metern Höhe einen Frauenrekord auf.

Oktober 1931: Hazel Ying Lee (1912–1944) erhält als eine der ersten chinesisch-amerikanischen Frauen eine Fluglizenz.

4. Dezember 1931: Die deutsche Fliegerin Elly Beinhorn (1907–2007) startet zu einem erfolgreichen Weltflug. Sie ist die erste Frau, die alle fünf Erdteile mit dem Flugzeug überfliegt.

26. Dezember 1931: Die australische Pilotin Maude Rose „Lores" Bonney (1897–1994) unternimmt den längsten Ein-Tages-Flug einer Frau von Brisbane nach Wangaratta (1.600 Kilometer).

20. Mai 1932: Die amerikanische Fliegerin Amelia Earhart fliegt mit einem einmotorigen Flugzeug als erste Frau über den Atlantik. Sie startet in Harbor Grace (Neufundland) und landet unweit von Londonderry (Nordirland).

Mai 1932: Die deutsche Schauspielerin und Pilotin Antonie Strassmann (1901–1952) fliegt an Bord des Flugschiffes „Do-X" von den USA nach Deutschland. Sie ist die erste Europäerin, die als fliegender Passagier den Atlantik überquert.

August/September 1932: Maude Rose „Lores" Bonney fliegt als erste Frau um Australien.

5. September 1932: Die amerikanische Pilotin Mary Haizlip (1910–1997) stellt in Cleveland (Ohio) mit 405,92 Stundenkilometern einen Geschwindigkeitsrekord für Frauen auf.

1932: Die Chinesin Katherine Cheung (1904–2003) wird die erste Asiatin mit Pilotenlizenz in den USA.

1932: Ruthy Tu (gestorben 1969) wird die erste Pilotin in der Chinesischen Armee.

1932: Die deutsche Pilotin Rosl Richter und ihr Ehemann unternehmen mit einem Leichtflugzeug einen Weltflug.

1932: Der Fallschirmspringerin Lola Schröter gelingt ein Rekordsprung aus 7.300 Metern Höhe.

1932: Luise Hoffmann (1910–1935) wird erste Werkspilotin in Deutschland.

1932: Phoebe Fairgrave Omlie wird die erste Regierungsbeamtin für Luftfahrt in den USA.

1932: Fay Gillis Wells (1908–2002) fliegt als erste Amerikanerin ein sowjetisches Zivilflugzeug.

10. bis 21. April 1933: Maude Rose „Lores" Bonney fliegt mit einer Maschine des Typs „Gipsy Moth" namens „My little Ship" als erste Frau von Australien nach England (Start in Brisbane, Landung in London. Flugstrecke rund 20.000 Kilometer).

1933: Freda Thompson (1909–1980) wird die erste Fluglehrerin in Australien.

1934: Die Französin Maryse Bastie (1898–1952) fliegt als erste Frau von Paris nach Tokio und zurück.

28. Januar bis 25. April 1934: Die Amerikanerin Laura Ingalls (1901–1967) unternimmt als erste Frau einen Alleinflug von Nordamerika nach Südamerika.

21. März 1934: Laura Ingalls fliegt als erste Amerikanerin über die Anden.

Mai 1934: Die Neuseeländerin Jean Batten (1909–1982) unternimmt als erste Frau einen Flug von England nach Australien und zurück.

28. September bis 6. November 1934: Die australische Pilotin Freda Thompson unternimmt den ersten Alleinflug einer Frau von England nach Australien. Während dieser 39 Tage langen Flugreise muss sie 20 Tage auf ein Ersatzteil warten.

23. Oktober 1934: Die amerikanische Ballonfahrerin Jeannette Piccard (1895–1981) fliegt als erste Frau in die Stratosphäre: Sie steigt zusammen mit ihrem Ehemann Jean-Felix Picard (1884–1963) über dem Erisee in eine Höhe von 17.550 Metern auf.

31. Dezember 1934: Die Amerikanerin Helen Richey (1909–1947) wird die erste Pilotin bei einer planmäßigen Airline („Central Airlines").

Anfang 1935: Der amerikanischen Fliegerin Amelia Earhart glückt der erste Flug von Hawaii zum amerikanischen Festland. Diese Route ist länger als die Strecke von den USA nach Europa.

April 1935: Liesel Zangenmeister stellt in Rossitten (Ostpreußen) mit 12 Stunden 57 Minuten einen Dauer-Weltrekord im Segelflug auf.

1935: Amelia Earhart unternimmt als Erste einen Alleinflug von Los Angeles (Kalifornien) nach Mexico City (Mexiko), Flugzeit 13 Stunden 23 Minuten.

1935: Amelia Earhart unternimmt als Erste einen Alleinflug von Mexico City nach Newark, Flugzeit 14 Stunden 19 Minuten.

Ende 1935: Jean Batten fliegt als erste Frau von England nach Südamerika (Brasilien), Flugstrecke rund 5.000 Meilen (umgerechnet 8.000 Kilometer), Flugzeit 61 Stunden 15 Minuten

1936: Katarina Matanovic-Kulenovic (1913–2003) wird die erste kroatische Pilotin.

4. September 1936: Louise Thaden (1905–1979) und Blanche Noyes (1900–1981) besiegen als erste Frauen bei einem Flugwettrennen („Bendix Trophy Race") männliche Piloten. Sie fliegen sie von New York City nach Los Angeles in 14 Stunden 55 Minuten und stellen damit einen Weltrekord auf.

4./5. September 1936: Die englische Pilotin Beryl Markham (1902–1986) fliegt als erste Frau allein von London (England) über den Atlantik nach Nova Scotia (Kanada).

1936: Jean Batten fliegt als erste Frau über den Südatlantik.

1936: Laura Ingalls fliegt als erste Frau nonstop von der Ostküste zur Westküste der USA.

März 1937: Jean Burns wird im Alter von 17 Jahren die jüngste Pilotin in Australien.

17. Mai 1937: Die deutsche Fliegerin Hanna Reitsch (1912–1979) wird als erste Frau der Welt ehrenhalber zum Flugkapitän ernannt. Dieser Titel war sonst Flugzeugführern der „Deutschen Lufthansa" vorbehalten.

Mai 1937: Hanna Reitsch überquert als erste Pilotin der Welt im Segelflug die Alpen.

Juni 1937: Die deutsche Pilotin Eva Schmidt (1914–1945) erreicht eine Weltbestleistung im Segelflug-Streckenflug für

Frauen vom Hornberg (Schwäbische Alb) nach Plauen im Vogtland (Sachsen) und einen Dauerflug-Rekord von 14 Stunden.

Juni 1937: Inge Wetzel stellt in Rossitten (Ostpreußen) mit 18 1/2 Stunden einen Segelflug-Weltrekord im Dauerflug auf, wird aber bereits im Juli 1937 von Feodora Schmidt übertroffen.

1937: Amelia Earhart fliegt – im Rahmen ihrer Erdumrundung – als Erste vom Roten Meer nach Indien.

2. Juli 1937: Amelia Earhart und ihr Navigator Fred Noonan (1893–1937) kehren von ihrer geplanten spektakulären Erdumrundung nicht mehr zurück. Um das ungeklärte Verschwinden der Beiden im Pazifik ranken sich zahlreiche Legenden.

4. Juli 1937: Hanna Reitsch fliegt in Bremen als erste Frau einen Hubschrauber.

1937: Maude Rose „Lores" Bonney fliegt als erste Frau allein von Australien (Brisbane) nach Südafrika (Kapstadt), Flugstrecke 29.088 Kilometer.

1937: Sabiha Gökcen (1913–2001) wird die erste Kampfpilotin der Türkei. Sie fliegt Kampfeinsätze in Thrakien und in der Ägäis.

1937: Die deutsche Fliegerin Melitta Schenk Gräfin von Stauffenberg (1903–1945), geborene Melitta Schiller, besitzt als einzige Frau Deutschlands alle Flugzeugführerscheine für sämtliche Klassen von Motorflugzeugen und Segelflugzeugen sowie den Kunstflugschein.

1937: Die Argentinierin Susanna Ferrari Billinghurst (1914–1999) erwirbt als erste Frau in Südamerika einen kommerziellen Pilotenschein.

1937: Die russischen Pilotinnen Marina Raskowa (1912–1943) und Walentina Stepanowna Grisodubowa (1910–1993) stellen mit einem Nonstop-Flug über 1.443 Kilometer einen Frauenweltrekord auf.

1937: Die amerikanische Fliegerin Jacqueline Cochran (1906–1980) macht als erste Frau einen Blindflug (Instrumentenlandung).

28. Oktober 1937: Melitta Schenk Gräfin von Stauffenberg erhält – nach Hanna Reitsch – als zweite Frau der Welt den Titel „Flugkapitän".

Frühjahr 1938: Hanna Reitsch, die erste Frau mit Helikopter-Lizenz, unternimmt in der riesigen Berliner Deutschlandhalle mit einem Hubschrauber den ersten Hallenflug der Welt.

2. Juli 1938: Den russischen Pilotinnen Walentina Stepanowna Grisodubowa (1910–1993), Wera Lomako (geboren 1913), Polina Ossipenko (1907–1939) und Marina Raskowa (1912–1943) gelingt ein Weltrekord-Fernflug für Frauen von Sewastopol nach Archangelsk über eien Flugstrecke von 2.416 Kilometern.

24./25. September 1938: Marina Raskowa, Walentina Stepanowna Grisodubowa und Polina Ossipenko stellen mit einem 5.908,610 Kilometer langen Fernflug von Moskau nach Kerbi unweit des Ochotskischen Meeres einen Weltrekord für Frauen auf. Am 2. November 1938 erhalten sie für diesen Weltrekord-Fernflug als erste Frauen der sowjetischen Geschichte den Titel „Held der Sowjetunion".

1939: Willa Brown Chappell (1906–1992) wird die erste Afro-amerikanerin mit kommerzieller Pilotenlizenz in den USA

1939/1940: Beate Köstlin (1919–2001), später Beate Uhse, wirkt als erste deutsche Stuntpilotin in den Filmen „D III 88" (1939) und „Achtung, Feind hört mit" (1940) mit.

1. Juli 1941: Die Amerikanerin Jacqueline Cochran überführt als erste Frau einen Bomber über den Atlantik.

Ab 1941: Marina Raskowa und sechs andere weibliche Offiziere organisieren drei nur aus Frauen bestehende sowjetische Fliegerregimenter. Am Ende der Ausbildung werden in Engels drei Regimenter aufgestellt: das 586. Jagdfliegerregiment mit „Jak-2"-Flugzeugen, das 587. Tagbomberregiment mit „Pe-2"-Flugzeugen und das mit „U-2"-Flugzeugen ausgerüstete 588. Nachtbomberregiment („Nachthexen"). Kommandantinnen des 586. Jagdflieger-regiments sind: Lydia Litvak, Raisa Belyayeva, Tamara Pamyatnykh, Raya Surnachevskaya, Marina Kuznetsova. Kommandantinnen des 587. Tagbomberregiments sind: Kladiya Fomicheva, Marina Raskowa, Nadeshda Fedutenko.

Kommandantinnen des 588. Nachtbomberregiments sind: Yevodokya Bershanskaya, Yevgeniya Zhigulenko, Tatyana Makorova, Yevdokia Nosal, Nina Ulynenko.

Oktober 1942: Hanna Reitsch fliegt in Augsburg bei „Messerschmitt" das erste Raketenflugzeug der Welt.

21. März 1943: Cornelia Clark Fort (1919–1943) stirbt bei der Überführung einer Maschine des Typs „BT-13A" als erste Pilotin im Dienst der US-Army, als sie über Merkel, Taylor County (Texas), mit einem anderen Flugzeug zusammenstößt. An sie erinnert der 1945 nach ihr benannte „Cornelia Fort Airport" in Nashville (Tennessee).

14. Okober 1944: Die Amerikanerin Ann G. Baumgartner Carl (1918–2008) ist die erste Frau in einem Turbojet-Kampfflieger.

1948: Betty Skelton Frankman Erde (1926–2011) wird die erste US-Meisterin in Luftakrobatik.

1949: Betty Skelton Frankman Erde stellt mit 7.853 Metern einen Höhenweltrekord für Frauen auf.

16. September 1950: Nancy Bird Walton (1915–2009) gründet die australische Pilotinnenorganisation „Australian Women Pilot's Association" („AWPA")

März 1951: Die deutsche Pilotin Liesel Bach (1905–1992) fliegt als erste Frau über den Himalaja.

1951: Betty Skelton Frankman Erde stellt mit 8.850 Metern einen weiteren Höhenweltrekord für Frauen auf.

April 1953: Iris Wittig (1928–1978) fliegt zusammen mit einem sowjetischen Instrukteur als einer der ersten Piloten in einer „MiG-15UTI", dem ersten Strahlflugzeug der „DDR".

18. Mai 1953: Die amerikanische Pilotin Jacqueline Cochran erreicht mit einem Düsenjäger des Typs „F-86 Sabre" eine Durchschnittsgeschwindigkeit von 1.042 Stundenkilometern und durchbricht dabei in Sturzflügen aus 14.000 Meter Höhe als erste Frau zwei Mal die Schallmauer.

15. August 1953: Die französische Fliegerin Jacqueline Auriol (1917–2000) durchbricht mit einem Düsenjäger des Typs „Mystère" mit einer Geschwindigkeit von 1.195 Stundenkilometern als erste Europäerin die Schallmauer (Mach1).

1960-er Jahre: Jerrie Cobb besteht als erste Amerikanerin alle drei Tests für das von Jacqueline Cochran finanzierte Programm „Mercury 13". Mit diesem privat finanzierten Programm, das nicht Teil der Astronautenrekrutierung der „NASA" ist, will man beim Wettrennen im Weltraum mit der ersten Frau im All der Sowjetunion zuvorkommen. Der Name des Projektes beruht darauf, dass von den insgesamt 20 getesteten Frauen 13 die Tests bestehen: außer Jerrie Cobb später auch Myrte Cagle, Jan Dietrich, Marion Dietrich, Wally Funk, Janey Hart, Jean Hixson, Gene Nora Stumbough, Irene Leverton, Bernice Steadman, Sarah Ratley, Jerri Truhill und Rhea Woltman. Jerry Cobb, Rhea Hurle und Wally Funk unterziehen sich in Oklahoma City noch weiteren Tests und einer psychologischen Bewertung. Wenige Tage, bevor einige Frauen sich erweiterten Tests in Pensacola (Florida) in der „Naval School of Aviation Medicine" mit Militärausrüstung und Jets unterziehen sollen, erhalten sie ein Telegramm, in dem der Abbruch des Projekts mitgeteilt wird. Die Navy ist nicht bereit, ihr Equipment für ein inoffizielles Projekt bereitzustellen. Im Mai 2007 verleiht die „University of Wisconsin-Oshkosh" den damals noch acht lebenden Frauen von „Mercury 13" Ehrendoktortitel für ihren „Pioniergeist und die Anstrengungen bei der Weiterentwicklung der Frauenrechte".

16. Juni 1963: Die russische Kosmonautin Walentina Tereschkowa startet in Baikonur (Kasachstan) an Bord des Raumschiffes „Wostock VI" als erste Frau ins Weltall. Sie umkreist 49 Mal die Erde, bevor sie am 19. Juni 1963 in Novosivbirsk landet.

26. August 1963: Diana Barnato Walker (1918–2008) durchbricht als erste Britin die Schallmauer.

19. März bis 17. April 1964: Geraldine „Jerry" Mock fliegt als erste Amerikanerin erfolgreich um die Welt. Vor ihr hatte dies 1931 schon die deutsche Fliegerin Elly Beinhorn getan. Weil der Weltflug von Elly Beinhorn in den USA nicht allgemein bekannt ist, wird Geraldine „Jerry Mock" dort oft irrtümlich als Frau erwähnt, die als Erste um die Welt geflogen sein soll.

Juni 1966: Berta Zeron (1924–2000) wird die erste Frau in Mexiko mit einem kommerziellen Pilotenschein.

1966: Die britische Pilotin Sheila Scott (1927–1988) fliegt 50.000 Kilometer in 189 Flugstunden.

1967: Ursula Bühler-Hedinger (1943–2009) wird die erste schweizerische Linienpilotin und Jetpilotin.

28. März 1967: Fiorenza de Bernardi wird die erste Airline-Pilotin in Italien (nach eigenen Angaben die fünfte der Welt) und im selben Jahr in ihrem Heimatland auch der erste weibliche Flugkapitän.

1969: Turi Wideroe wird der erste weibliche Luftver-kehrspilot bei einer großen Fluggesellschaft in Norwegen. Sie fliegt im Dienste der „Scandinavian Airlines Systems" („SAS").

28. Juni 1971: Die amerikanische Pilotin Louise Sacchi (1913–1997) stellt bei einem Flug von New York nach London innerhalb von 17 Stunden 10 Minuten einen Geschwindigkeitsrekord auf.

1971: Sheila Scott fliegt bei einem Langstreckenflug über 50.000 Kilometer als erste Frau mit einem Leichtflugzeug über den Nordpol.

29. Januar 1973: Emily Howell Warner wird die erste Pilotin für eine kommerzielle Airline in den USA.

22. Februar 1974: Barbara Ann Rainey (1948–1982), geborene Barbara Ann Allen, wird die erste Marinepilotin der „United States Navy".

4. Juni 1974: Sally Murphy qualifiziert sich als erste Frau als Pilotin für die „United States Army".

1974: Die Italienerin Fiorenza di Bernardi wird die erste Gletscherpilotin der Welt.

1974: Die Amerikanerin Marry Barr wird die erste Pilotin in der Forstwirtschaft („United States Forest Service") der Vereinigten Staaten.

1974: Captain Leslie F. Kenne wird die erste Frau an der Testpilotenschule der US-Luftwaffe.

1974: Wally Funk wird die erste Inspektorin der Flugsicherung innerhalb der amerikanischen Verkehrsbehörde „National Transportation Safety Board" („NTSB") in Washington D.C. Die „NTSB" befasst sich mit der Aufklärung von Unglücksfällen im Transportwesen (Eisenbahnen, Luftfahrt, Schifffahrt, Pipelines und Autobahnen). Für die Luftfahrt entspricht der Aufgabenbereich der Bundesstelle für Flugunfalluntersuchung in Deutschland.

6. Juni 1976: Emily Howell Warner wird der erste weibliche Kapitän einer US-Airline.

Ende 1976: Die deutsche Pilotin Rita Maiburg (1951–1977) wird der erste und einzige weibliche Flugkapitän im regulären

Liniendienst der westlichen Welt. Die Bulgarin Maria Atanasova kommandiert damals eine düsengetriebene Frachtmaschine, die Engländerin Yvonne Sintes ist Captain bei einer britischen Chartergesellschaft

1976: Rosemary Bryant Mariner fliegt als erste Frau ein leichtes Kampfflugzeug.

1978: Rhea Seddon (geboren 1947), Kathryn Sullivan (geboren 1951), Judith A. Resnik (1949–1986), Sally Kristen Ride (geboren 1951), Anna Lee Fisher (geboren 1949) und Shannon Lucid (geboren 1942) werden als erste Frauen in das Astronautencorps der „NASA" aufgenommen.

11. April 1980: Eleanor Conn unternimmt mit ihrem Ehemann Sidney Conn die erste Ballonfahrt über den Nordpol.

2. Juli 1980: Die Amerikanerin Lynn Rippelmeyer fliegt als erste Frau einen Jumbo-Jet „Boeing 747".

3. Dezember 1980: Die Amerikanerin Janice Brown unternimmt in der Nähe von Marana (Arizona) mit einem kleinen Solarflugzeug namens „Solar Challenger" den ersten Langstrecken-Solarflug (Flugstrecke 6 Meilen, Flugzeit 22 Minuten).

1980: Deborah Jane Lawrie wird die erste Pilotin bei einer australischen Fluggesellschaft.

14. Februar 1981: Neta Snook (1896–1991) ist mit 85 Jahren die älteste Pilotin der USA.

11. März 1981: Die Amerikanerin Doris Grove stellt mit
1.127,68 Kilometern einen Segelflug-Weltrekord auf.

17. Dezember 1982: Die amerikanische Pilotin Mary Haizlip
(1910–1997) wird als erste Frau in der Luft- und Raumfahrt in
die „Oklahoma Aviation and Space Hall of Fame" aufgenommen.

18. Juni 1983: Die Astronautin Sally Kristen Ride fliegt als
erste Amerikanerin im Weltall.

1983: Regula Eichenberger wird die erste Linienpilotin bei einer
schweizerischen Airline („Crossair").

19. Juli 1984: Die amerikanische Pilotin Lynn Rippelmeyer
fliegt als erster weiblicher Kapitän mit einer „Boeing 747" über
den Atlantik. Der Start erfolgt in Newark, die Landung in
London-Gatwick.

19. Juli 1984: Die amerikanische Pilotin Beverly Lynn Burns
fliegt als erster weibliche Kapitän mit einer „Boeing 747" über
die USA. Ihr historischer Flug mit einer Maschine der
Fluggesellschaft „PEOPLExpress" führt von Newark nach
Los Angeles.

25. Juli 1984: Die sowjetische Kosmonautin Swetlana Sawizkaja unternimmt als erste Frau einen Spaziergang im Weltall.

11. Oktober 1984: Die Astronautin Kathryn Dwyer Sullivan
unternimmt als erste Amerikanerin einen Spaziergang im All.

14. Dezember 1986: Die amerikanische Astronautin Jeana Yeaeger startet zusammen mit Dick Rutan mit einem Voyager-Flugzeug zur ersten Nonstop-Weltraumumrundung ohne Auftanken und Zwischenlanden. Sie fliegen in 9 Tagen 3 Minuten 44 Sekunden eine Strecke von insgesamt 42.120 Kilometern.

1989: Gaby Kennard fliegt als erste Australierin mit einem Flugzeug des Typs „Piper Saratoga" namens „Gerty" in 99 Tagen allein um die Welt.

1990: Allana Arnot (geboren 1967) fliegt als erste Australierin mit einem Hubschrauber um die Welt.

1990: Rosemary Bryant Mariner wird die erste Kommandantin einer operativen Fliegerstaffel in den USA.

Winter 1990: Rosella Bjornsön wird der erste weibliche Kapitän für eine kommerzielle Fluggesellschaft in Kanada.

14. Mai 1992: Die amerikanische Astronautin Kathryn Thornton unternimmt den längsten Spaziergang im Weltall. Er dauert 7 Stunden 44 Minuten.

12. bis 20. September 1992: Carol Mae Jemison fliegt mit der Raumfähre „Endeauvour" als erste afro-amerikanische Astronautin im Weltall.

1. Oktober 1992: Die Amerikanerin Victoria („Vicki") von Meter (1982–2008) erregt als jüngste Fliegerin der Welt großes Aufsehen. Sie steuert als Zehnjährige erstmals ein Flugzeug,

25. März 1993: Die Britin Barbara Hamer ist die erste Frau, die – als Erster Offizier und Kopilotin – mit einem kommerziellen Überschallflugzeug fliegt. Dies geschieht bei einem Flug mit „British Airways" auf der „Concorde" von London nach New York City.

20. bis 23. September 1993: Vicki van Meter überfliegt im Alter von elf Jahren die USA – von Augusta (Maine) nach San Diego (Kalifornien).

1993: Sarah Deal wird erster weiblicher Pilot des „United States Marine Corps".

21. April 1994: Jackie Parker qualifiziert sich als erste Pilotin für das F-16-Kampfflugzeug.

4. bis 7. Juni 1994: Vicki van Meter überfliegt im Alter von zwölf Jahren den Atlantik.

12. Juli 1994: Die elfjährige Amerikanerin Katrina Mumaw wird das „schnellste Kind der Welt": Sie bricht zusammen mit einem russischen Piloten in einem „MiG-29"-Kampfjet die Schallmauer.

1994: Kara Hultgreen (1965–1994) wird die erste Kampfpilotin der US-Marine in einer „F-14 Tomcat".

3. Oktober 1994 bis 22. März 1995: Die Russin Elena Kondakowa, nach anderer Schreibweise Yelena Vladimirovna Kondakova, unternimmt den ersten Dauerflug einer Frau im All.

3. bis 11. Februar 1995: Eileen Collins wird die erste amerikanische Raumfährenpilotin bzw. Shuttlepilotin.

1995: Martha McSally unternimmt bei der Operation „Southern Watch" als erste Pilotin der US-Luftwaffe (von Kuwait aus) Kontrollflüge in feindlichem Gebiet (Irak). Sie ist die erste Pilotin der „U.S. Air Force", die mit einem Militärflugzeug über Feindgebiet fliegt.

22. März bis 26. September 1996: Shannon Lucid wird mit einem 188 Tage langen Flug die Amerikanerin, die sich am längsten im Weltraum aufhält.

19. November 1997: Kalpana Chawla (1961–2003) unternimmt mit der amerikanischen Raumfähre „Columbia" als erste Inderin einen Flug im Weltall.

16. Dezember 1998: Kendra Williams, Leutnant bei der „United States Navy", bombardiert bei der Operation „Desert Fox" als erster weiblicher Kampfpilot der USA über dem Irak ein feindliches Ziel.

12. Januar 1999: Erstmals ist das Cockpit einer „Swissair"-Maschine ausschließlich mit Frauen besetzt: Kapitän Gabrielle Musy-Lüthi und Kopilotin Claudia Wehrli fliegen einen „Airbus A320" von Zürich-Kloten nach Paris.

23. bis 28. Juli 1999: Eileen Collins wird die erste Kommandantin einer amerikanischen Raumfähre („Space Shuttle").

Januar bis Mai 2001: Die Britin Polly Vacher unternimmt als erste Frau mit einem Kleinflugzeug („Piper PA-28 Cherokee Dakota G-FRGN") – über Australien – einen Flug um die Welt.

6. Mai 2003 bis 27. April 2004: Polly Vacher fliegt von Birmingham aus über den Nordpol, die Antarktis und alle Erdteile. Damit wird sie die erste Frau, die allein die Polarregionen überquert. Bei diesem Unternehmen fliegt sie auch innerhalb von 16 Stunden von Hawaii nach Kalifornien.

Um 2005: Hanadi Zakaria al-Hindi wird der erste weibliche Flugkapitän in Saudi-Arabien.

13. März 2006: Die amerikanische Pilotin Elizabeth A. Okoreeh-Baah fliegt als erste Frau ein senkrecht startendes „V-22 Osprey Tiltrotor"-Flugzeug.

2006: Nicole Malachowski wird als erste Frau bei den „Thunderbirds", einer Kunstflugstaffel der Luftstreitkräfte der USA, aufgenommen.

18. bis 29. September 2006: Die amerikanisch-iranische Multimillionärin Anoushe Ansari wird der erste weibliche Weltraumtourist, der erste weibliche Muslim und die erste Iranerin im Weltraum. Sie startet am 18. September 2006 mit einem Sojus-Raumschiff zur „Internationalen Raumstation" („ISS"), erreicht am 20. September die „ISS" und kehrt am 29. September 2006 mit „Sojus TMA-8" zur Erde zurück.

Autor Ernst Probst,
Foto: Klaus Benz, Fotograf, Mainz-Laubenheim

Der Autor

Ernst Probst, geboren am 20. Januar 1946 in Neunburg vorm Wald im bayerischen Regierungsbezirk Oberpfalz, ist Journalist und Wissenschaftsautor. Er arbeitete von 1968 bis 1971 als Redakteur bei den „Nürnberger Nachrichten", von 1971 bis 1973 in der Zentralredaktion des „Ring Nordbayerischer Tageszeitungen" in Bayreuth und von 1973 bis 2001 bei der „Allgemeinen Zeitung", Mainz. In seiner Freizeit schrieb er Artikel für die „Frankfurter Allgemeine Zeitung", „Süddeutsche Zeitung", „Die Welt", „Frankfurter Rundschau", „Neue Zürcher Zeitung", „Tages-Anzeiger", Zürich, „Salzburger Nachrichten", „Die Zeit", „Rheinischer Merkur", „Deutsches Allgemeines Sonntagsblatt", „bild der wissenschaft", „kosmos", „Deutsche Presse-Agentur" (dpa), „Associated Press" (AP) und den „Deutschen Forschungsdienst" (df). Aus seiner Feder stammen die Bücher „Deutschland in der Urzeit" (1986), „Deutschland in der Steinzeit" (1991), „Rekorde der Urzeit" (1992), „Dinosaurier in Deutschland" (1993 zusammen mit Raymund Windolf) und „Deutschland in der Bronzezeit" (1996). Ab 2000 veröffentlichte er eine 14-bändige Taschenbuchreihe über berühmte Frauen. Von 2001 bis 2006 betätigte sich Ernst Probst als Buchverleger. Bis heute schrieb er mehr als 300 Bücher, Taschenbücher und Broschüren.

Kurzbiografien von Ernst Probst über „Königinnen der Lüfte"

Aida de Acosta. Erster Alleinflug mit einem lenkbaren Luftschiff
Elsa Andersson. Die erste Pilotin aus Schweden
Jacqueline Auriol. Sie durchbrach als erste Europäerin die Schallmauer
Liesel Bach. Deutschlands erfolgreichste Kunstfliegerin
Pancho Barnes. Amerikas erste Stuntpilotin
Maryse Bastié. Die Fliegerin, die acht Weltrekorde brach
Jean Batten. Neuseelands berühmteste Pilotin
Melli Beese. Die erste Deutsche mit Pilotenlizenz
Elly Beinhorn. Deutschlands Meisterfliegerin
Vera von Bissing. Eine Kunstfliegerin der 1930-er Jahre
Sophie Blanchard. Die erste professionelle Luftschifferin
Adrienne Bolland. Die erste Frau, die über die Anden flog
Hèléne Boucher. Die französische „Wunderfliegerin"
Kalpana Chawla. Die erste Inderin im Weltall
Jacqueline Cochran. Die „schnellste Frau der Welt"
Bessie Coleman. Die erste Afro-Amerikanerin mit Pilotenschein
Eileen Collins. Die erste Raumfähren-Pilotin
Hèléne Dutrieu. Die erste Pilotin in Belgien
Amelia Earhart. Die erste Frau, die zwei Mal über den Atlantik flog
Ruth Elder. Die erste Frau, die den Flug über den Atlantik wagte

Marga von Etzdorf. Die tragische deutsche Fliegerin
Elise Garnerin. Die „Venus im Ballon"
Sabiha Gökcen. Die erste türkische Pilotin
Frances Wilson Grayson. Tragischer Flug über den Atlantik
Else Haugk. Die erste Fliegerin der Schweiz
Hilda Hewlett. Die erste britische Fliegerin
Maryse Hilsz. Die Rekordfliegerin aus Frankreich
Luise Hoffmann. Die erste deutsche Einfliegerin
Kara Spears Hultgreen. Die erste „F-14 Tomcat"-
Kampfpilotin
Laura Ingalls. Die erste Amerikanerin, die über
Südamerika flog
Carol Mae Jemison. Die erste afro-amerikanische
Astronautin
Amy Johnson-Mollison. Englands erste
Flugzeugmechanikerin
Thea Knorr. Eine frühe Fliegerin in München (zusammen
mit Josef Eimannsberger)
Raymonde de Laroche. Die erste Pilotin der Welt
Ruth Law. Erste Luftpost für die Philippinen
Anne Morrow Lindbergh. Die erste Amerikanerin
mit Segelflugschein.
Anne Löwenstein-Wertheim. Die fliegende Prinzessin
Shannon Lucid. Der längste Raumflug einer Frau
Angelika Machinek. Eine Segelfliegerin der Weltklasse
Rita Maiburg. Einer der ersten weiblichen
Linienflugkapitäne
Beryl Markham. Die erste Berufspilotin in Ostafrika
Marie Marvingt. Die „Mutter der Luftambulanz"
Christa McAuliffe. Die amerikanische Nationalheldin
Victoria van Meter. Die jüngste Fliegerin der Welt

Jerry Mock. Im Alleinflug um die Erde
Mathilde Moisant. Eine frühe Fliegerin in den USA
Käthe Paulus. Deutschlands erste Luftschifferin
Thérèse Peltier. Die erste Flugzeugpassagierin der Welt
Harriet Quimby. Die erste Amerikanerin mit Flugschein
Bessica Medlar Raiche. Eine der ersten Fliegerinnen
in den USA
Barbara Allen Rainey. Die erste Marinepilotin
der USA
Thea Rasche. The Flying Fräulein
Marina Raskowa. Eine fliegende „Heldin
der Sowjetunion"
Wilhelmine Reichard. Die erste Ballonfahrerin
in Deutschland
Hanna Reitsch. Die Pilotin der Weltklasse
Sally Kristen Ride. Die erste Amerikanerin
im Weltall
Swetlana Sawizkaja. Die erste Spaziergängerin im Weltall
Christl-Marie Schultes. Die erste Fliegerin in Bayern
Blanche Stuart Scott. Die erste Amerikanerin, die ein
Flugzeug flog
Melitta Schenk Gräfin von Stauffenberg.
Deutsche Heldin mit Gewissensbissen
Katherine Stinson und Marjorie Stinson. Die fliegenden
Schwestern
Kathryn Dwyer Sullivan. Rekordspaziergängerin
im Weltall
Walentina Tereschkowa. Die erste Frau im Kosmos
Élisabeth Thible. Die erste Passagierin einer Montgolfière
Kathryn Thornton. Berühmte Spaziergängerin
im Weltall

Sabine Trube. Die deutsche Düsenjet-Kommandantin
Beate Uhse. Deutschlands erste Stuntpilotin
Nancy Bird Walton. Australiens erste und jüngste
Verkehrspilotin

Bestellungen von Broschüren oder E-Books bei:
www.grin.com

Bücher von Ernst Probst

Christl-Marie Schultes. Die erste Fliegerin in Bayern
(zusammen mit Theo Lederer)
Frauen im Weltall
Königinnen der Lüfte
Königinnen der Lüfte von A bis Z. Biografien berühmter
Fliegerinnen, Ballonfahrerinnen, Luftschifferinnen,
Fallschirmspringerinnen und Astronautinnen
Drei Königinnen der Lüfte in Bayern. Thea Knorr –
Christl-Marie Schultes – Lisl Schwab (zusammen
mit Josef Eimannsberger)
Königinnen der Lüfte in Deutschland
Königinnen der Lüfte in Frankreich
Königinnen der Lüfte in England, Australien
und Neuseeland
Königinnen der Lüfte in Europa
Königinnen der Lüfte in Amerika
Sturzflüge für Deutschland. Kurzbiografie der Testfliegerin
Melitta Schenk Gräfin von Stauffenberg (zusammen mit
Heiko Peter Melle)
Theo Lederer. Ein Flugzeugsammler in Bayern
Tony und Bruno Werntgen. Zwei Leben für die Luftfahrt
(zusammen mit Paul Wirtz)

Bestellungen bei: www.grin.com

BEI GRIN MACHT SICH IHR WISSEN BEZAHLT

- Wir veröffentlichen Ihre Hausarbeit, Bachelor- und Masterarbeit

- Ihr eigenes eBook und Buch - weltweit in allen wichtigen Shops

- Verdienen Sie an jedem Verkauf

Jetzt bei www.GRIN.com hochladen
und kostenlos publizieren